Frédérique SALLÉ VOISIN
www.psychogenealogievienne.fr

PSYCHOGÉNÉALOGIE

VOYAGE AU CŒUR DE MON ADN

Venez explorer votre passé familial
et accéder à votre bien-naître !

PRÉAMBULE

Depuis plus de 19 ans, j'accompagne les personnes dans leur évolution personnelle et professionnelle. C'est dans ce cadre que je me suis formée à différentes approches thérapeutiques.

Cependant, je suis arrivée à la psychogénéalogie pour des raisons différentes : à la suite d'un frottis gynécologique, il a été découvert que des cellules anormales colonisaient mon col de l'utérus et je risquais alors une hystérectomie. Seulement, dans ma lignée de femmes, la plupart d'entre elles avaient déjà subi cette intervention et au même âge que ma pathologie se déclarait ... Comprenez bien que tout cela m'a fortement interpellée et je me suis alors fixée le challenge de ne pas perdre mon utérus ET de comprendre ce qu'il se jouait, pour nous, les femmes de la famille.

Le travail que j'ai alors engagé en psychogénéalogie m'a révélée, aussi bien personnellement que professionnellement. Cela m'a ouvert une dimension de moi-même inconnue. Et une compréhension systémique des conséquences de cette micro-société, qu'est la famille, sur chacun d'entre nous. Et pour clore le suspens, ce travail thérapeutique m'a permis, non seulement de conserver mon utérus mais également de me former, pour désormais jouer professionnellement aux détectives familiaux.

Aujourd'hui, ma place de psychogénéalogiste professionnelle est reconnue : je suis régulièrement contactée par des professionnels-elles, pour aider leurs patients dans certaines problématiques familiales. Ainsi que par des étudiants-es en psychologie, souhaitant approfondir leurs connaissances dans le domaine du transgénérationnel. J'accompagne également des particuliers, en individuel et en groupe, au sein de mon cabinet, pour qui le poids familial est un frein à se mettre aux commandes de leur vie. Et je suis également en pleine création d'un organisme de formations, pour toutes personnes désireuses de se former à la psychogénéalogie.

C'est pour toutes ces raisons que j'avais à cœur de transmettre des exercices pratiques de psychogénéalogie, accessibles à tous et créés pour avancer pas après pas, sur l'exploration de son histoire familiale. Ce sont des outils que j'ai expérimentés personnellement et professionnellement, retravaillés, améliorés, créés pour certains, pour vous permettre d'accéder à un bien-naître intérieur durable.

Quelques conseils pour que ce livre vous permette un travail en psychogénéalogie optimal :

- La lecture de ce livre peut se faire, dans un premier temps, dans son intégralité, pour bien comprendre l'articulation du travail demandé en psychogénéalogie.
- Puis de reprendre les exercices et les audios les uns après les autres, dans l'ordre proposé (il y a une logique de travail qu'il est important de respecter).
- Et enfin, de vous laisser 3 semaines de répit entre chaque chapitre, le temps que votre inconscient traite les changements et les intègre à votre quotidien. Laissons le temps à la thérapie de faire son œuvre.

Si comme moi, vous souhaitez comprendre votre maillage familial, accéder à votre bien-naître et réussir les changements que vous souhaitez voir dans votre vie, alors lancez-vous dans la lecture de ce livre sans tarder.

Je vous souhaite un merveilleux voyage au cœur de votre ADN !

Frédérique

Préface de Floriane DESPLÉBIN
Psychologue – Sophrologue – Enseignante de Yoga

Exerçant depuis plusieurs années mon métier de psychologue, tout d'abord dans différents secteurs professionnels : protection de l'enfance, milieu médical, insertion professionnelle, secteur médico-social, puis ensuite en libéral, j'ai toujours eu à cœur de proposer une prise en charge globale de l'être humain, en m'intéressant à tout ce qui pouvait apporter compréhension de soi, de ses blocages, mais aussi du bien-être, du mieux-être, tant sur les plans : psychique, physique, mental et émotionnel.

C'est la raison pour laquelle ma curiosité naturelle m'a amené à explorer des pratiques psycho-corporelles, telles que la sophrologie, la méditation, la voie du Yoga et des arts martiaux, ainsi que la psychogénéalogie.

Alors quand Frédérique m'a demandé d'écrire la préface de son livre, j'ai été très heureuse de cette sollicitation et aussi très enthousiaste de partager mon point de vue sur cet ouvrage, qui se veut à la fois didactique, pédagogique et pratique.

Bien sûr j'ai eu connaissance de ce qu'est la psychogénéalogie, et toute cette dimension transgénérationnelle et intergénérationnelle, pendant mes études universitaires, mais aussi lors de plusieurs conférences auprès de Serge Tisseron et Anne Ancelin Schützenberger, qui m'ont profondément passionnée par leurs exemples, leurs descriptions et cette mise en lien étonnante du présent et de cet héritage familial inconscient.

L'ouvrage de Frédérique se veut comme un chemin exploratoire de sa propre histoire, guidé par des exercices pratiques écrits et audios. De manière évolutive le lecteur part en quête de son vécu et de celui de ses ancêtres. À travers la construction de son génogramme, source de multiples informations et questionnements, la découverte des codes et articles de la loi familiale, la mise en lumière des dettes familiales inconscientes, les révélations de notre prénom..., le lecteur devient acteur de cet outil de connaissance de soi et de ses ancêtres, et se constitue un véritable instrument d'évolution personnelle et humaine, visant une libération des bagages familiaux qui sont sources de blocages et de croyances erronées et/ou limitantes.

Ainsi libéré de l'emprise familiale inconsciente et de cette méconnaissance de soi qui conditionnent à rester dans des mécanismes psychiques du passé, l'être retrouve son plein potentiel, prend alors sa juste place, et s'éveille à lui-même.

En tant que professionnelle en psychothérapie, l'exploration du passé de la personne reçue en consultation est souvent une dimension abordée, afin de mieux comprendre certaines constructions psychiques de l'être, tels les mécanismes de défense, les blessures fondamentales, les répétitions familiales qui se jouent, les ruptures de liens, les non-dits, la place et le rôle que l'on tient dans la famille, et surtout comprendre le sens de tout cela et comment cela influe le présent de la personne. Percevoir les fils invisibles qui se tissent dans cet espace transgénérationnel pour donner et mettre du sens dans la compréhension de Soi et aller au cœur de Soi, ou « voyager au cœur de son ADN », comme le propose cet ouvrage.

Ouvrage également indispensable à avoir dans sa bibliothèque de psychologue ou de thérapeute, comme support d'accompagnement aux entretiens et au travail psychothérapeutique.

Pour ma part, j'ai utilisé certains des outils proposés dans ce livre pour approfondir, creuser et éclairer certains patients dans la compréhension de leur histoire familiale et la libération d'enjeux qui ne leur appartenaient pas. J'ai également sollicité Frédérique à plusieurs reprises, dans sa compétence de psychogénéalogiste, lors d'échanges interactifs et bienveillants.

C'est d'ailleurs ainsi, dans cette complémentarité et ce partenariat de nos approches respectives que nous avons eu l'occasion d'animer ensemble un atelier en psychogénéalogie, dans la visée commune de permettre à chacun des participants de dépasser des moments délicats de vie, de retrouver son unité d'être, et co-naître cet être profond et éveillé qui sommeille en chacun de nous.

Faire un 1er pas vers soi, mieux se comprendre, dépasser ses limites restrictives et développer ses propres capacités de choix et de décisions, c'est aussi ce que permet ce livre riche et impliquant sa propre dimension d'action, car le principal canal de guérison c'est VOUS !

Floriane Desplébin

Préface du Docteur Patricia CHRISTIN
Pédiatre

En pédiatrie, il n'est pas rare d'être confronté à des situations complexes, avec des enfants qui présentent des symptômes dits « classiques » comme des troubles du sommeil, des douleurs abdominales, des maux de tête, des vomissements, de l'eczéma, des pleurs... mais qui ne répondent pas aux thérapeutiques habituelles. Toutes les explorations complémentaires sont normales, aucune cause et aucun traitement efficace ne sont trouvés. On parle alors de symptômes médicalement inexpliqués.

Il est alors nécessaire d'évaluer la part somatique et la part psychologique de ces symptômes. Nous devenons ainsi de véritables détectives. Une enquête minutieuse démarre où il faut inclure la dynamique et l'histoire familiale dans laquelle s'inscrit l'enfant, la représentation parentale de la maladie ou du symptôme mais aussi celle de l'enfant. Nous partons, comme le disait un de mes maîtres de pédiatrie, à la recherche du « squelette dans le placard ». Cette enquête minutieuse de l'histoire familiale de l'enfant peut permettre de dénouer l'origine de ses symptômes et le soulager en faisant prendre conscience aux parents, sans les culpabiliser, de la cause de ses troubles.

Chaque famille a ses secrets dont certains sont inavouables (deuil, inceste, interruption thérapeutique de grossesse, suicide, maladies...). Ces tabous deviennent des véritables fantômes, capables d'induire inconsciemment des actes, des symptômes ou des comportements qui se transmettront aux générations suivantes, sous la forme d'une mémoire émotionnelle. Cette mémoire émotionnelle est également imprégnée par les projections parentales sur leur enfant, l'ambiance familiale, l'environnement sociétal, les non-dits, les peurs... et peut se transmettre aussi à son enfant au cours de la grossesse, par voie in utero. Ces événements traumatiques pourront laisser des traces, parfois au niveau du génome, et resurgir tôt ou tard.

En tant que pédiatres, nous faisons partie du premier maillon de la prise en charge, en repérant une origine possible de ces troubles dans l'histoire familiale. La psychogénéalogie permettra ensuite par une analyse transgénérationnelle de donner du sens aux troubles de l'enfant, de mettre des mots sur les maux qu'il exprime et que nous, parents ou professionnels, ne sommes pas toujours en mesure de comprendre, de décrypter. Cela permet ainsi de libérer l'enfant et l'adulte qu'il deviendra de cette partie négative de son héritage psychologique familial, et de libérer ainsi par ricochet tout le reste de sa descendance.

Frédérique Sallé Voisin est une psychogénéalogiste reconnue par ses pairs, à l'écoute de ses patients, parents comme enfants. Travailler avec elle est humainement très enrichissant. La bienveillance et l'empathie font partie de ses nombreuses qualités professionnelles. Par cet ouvrage très facile d'accès, avec des exercices simples et pratiques, elle offre la possibilité de pouvoir se soulager du poids de son histoire familiale et de ses maux, de retrouver la sérénité, la paix et le bien-être intérieur.

Dr Patricia Christin

Note de l'auteur
Frédérique SALLÉ VOISIN

La psychogénéalogie vous invite à explorer votre passé familial,

afin d'éviter la répétition d'événements douloureux.

Cette discipline, qui mêle psychologie, psychanalyse et sociologie, nous apprend qu'on hérite autre chose de ses ancêtres que la couleur d'un regard, la forme d'un nez, l'oreille musicale ou la tendance à la colère. Nous héritons également d'une part de leur vécu douloureux :

- Deuils non accomplis,
- Secrets de famille,
- Traumatismes non digérés,
- Non-dits,
- Etc.

Nous sommes là au cœur du transgénérationnel, qui concerne tout ce qui est transmis inconsciemment de génération en génération, au sein d'une même famille.

La "psychogénéalogie" est un terme inventé dans les années 1980 par Anne Ancelin Schützenberger, psychologue et psychothérapeute française, qui a mené des recherches sur ces transmissions inconscientes, source de maux psychiques et/ou physiques chez les descendants.

Cet ouvrage a été conçu pour vous aider à dénouer ces fils invisibles, par des exercices pratiques et des audios :

- Vous re-visiterez votre vécu intra-utérin, votre enfance ainsi que votre histoire de vie dans son intégralité, que vous mettrez en lien avec votre histoire familiale.
- Vous créerez votre génogramme : un arbre généalogique se déployant sur trois ou quatre générations, et incluant les événements importants et marquants de votre vie familiale et personnelle : naissances et morts, mariages et divorces ou séparations, accidents, fausses couches, maladies physiques et psychiques, etc.
- Puis vous explorerez votre arbre, sous différents angles, pour comprendre votre fonctionnement, vos maux, vos schémas répétitifs, vos croyances limitantes, vos peurs et tant d'autres choses, en fonction de votre famille et de ses spécificités.
- Au cours de l'exploration de votre arbre, les audios* vous permettront d'effectuer des réparations symboliques, afin de guérir au fur et à mesure, vos blessures familiales.
- Et vous finirez par la mise en place d'un processus de changement durable, pour vous replacer aux commandes de votre vie.

*NB : **Les audios ont été créés pour vous permettre d'entrer en relation avec votre mémoire familiale, dans le respect de vos ancêtres. Il ne serait aucunement question de les blâmer pour leurs actes : ils ont pensé agir pour le mieux, avec ce qu'ils étaient et savaient, au moment où ils l'ont fait. Mais bien de leur exprimer, avec votre cœur, la nécessité de faire évoluer des modes de fonctionnement, pour votre bien-être et celui de votre descendance.**

TABLE DES MATIÈRES

CHAPITRE 1 17
LES TRANSMISSIONS FAMILIALES 17

   MON ADN ET LA MÉMOIRE DE MES ANCÊTRES............................ 18

      → A VOUS DE JOUER ! EXERCICES PRATIQUES 22

   LES MÉMOIRES DE MON FŒTUS INTERIEUR 27

      → A VOUS DE JOUER ! EXERCICES PRATIQUES 28

      → POUR ACCUEILLIR CE FŒTUS QUE VOUS ÉTIEZ, PARTONS A SA RENCONTRE …. AUDIO 1 30

   LES MÉMOIRES DE MON ENFANT INTERIEUR 31

      → A VOUS DE JOUER ! EXERCICES PRATIQUES 33

      → POUR METTRE EN SECURITÉ L'ENFANT QUE VOUS ÊTIEZ…. AUDIO 2 34

   EN RÉSUMÉ 35

CHAPITRE 2 37
LE GÉNOGRAMME 37

   LA QUESTION À MON ARBRE 38

      → A VOUS DE JOUER ! EXERCICES PRATIQUES 39

      → VENEZ MAINTENANT POSER VOTRE QUESTION A VOTRE ARBRE GÉNÉALOGIQUE, POUR OUVRIR LA PORTE DE LA COMPRÉHENSION … AUDIO 3 40

   MON ENQUÊTE GÉNÉALOGIQUE 41

      → A VOUS DE JOUER ! EXERCICES PRATIQUES 43

  CRÉER MON GÉNOGRAMME 46
   → **A VOUS DE JOUER !! EXERCICES PRATIQUES** 51

  EN RÉSUMÉ 52

CHAPITRE 3 57
LES LOIS DE TRANSMISSIONS FAMILIALES 57
  LA CRYPTE ET LE FANTÔME 58
   → **A VOUS DE JOUER ! EXERCICES PRATIQUES** 60
   → **POUR ANCRER VOTRE SORTIE DE LA CRYPTE … AUDIO 4** 64

  LE SYNDROME DU GISANT 65
   → **A VOUS DE JOUER ! EXERCICES PRATIQUES** 66
   → **POUR NE PLUS ÊTRE UN ENFANT DE REMPLACEMENT … AUDIO 5** 70

  EN RÉSUMÉ 71

CHAPITRE 4 73

LA BALANCE DES COMPTES 73
  MON CODE DE LOIS FAMILIALES 74
   →**A VOUS DE JOUER ! EXERCICES PRATIQUES** 75

  LES ÉMOTIONS 83
  MES RÔLES ET RESPONSABILITÉS 84
   → **A VOUS DE JOUER ! EXERCICES PRATIQUES** 86

  MA BALANCE DES COMPTES 93
   → **A VOUS DE JOUER ! EXERCICES PRATIQUES** 95
   → **ET POUR ANCRER VOTRE NOUVELLE BALANCE DES COMPTES ET VOUS LIBÉRER DE VOS DETTES FAMILIALES …. AUDIO 6** 101

| EN RÉSUMÉ | 102 |

CHAPITRE 5
LES CYCLES BIOLOGIQUES ... 103

LE DÉCODAGE BIOLOGIQUE ... 104
→ A VOUS DE JOUER ! EXERCICES PRATIQUES ... 106

LE SYNDROME ANNIVERSAIRE ... 110
→ A VOUS DE JOUER ! EXERCICES PRATIQUES ... 112

ET POUR VOUS PERMETTRE DE VOUS LIBÉRER DE CE SYNDROME ANNIVERSAIRE .... AUDIO 7 ... 115

EN RÉSUMÉ ... 116

CHAPITRE 6
LA DYNAMIQUE FAMILIALE ... 117

CRÉER MON GÉNOSOCIOGRAMME ... 118
→ A VOUS DE JOUER ! EXERCICES PRATIQUES ... 120

→ POUR AGIR EN ACCORD AVEC VOTRE PROPRE SCHÉMA RELATIONNEL ... AUDIO 8 ... 124

LES EFFETS MIROIRS ... 125
A VOUS DE JOUER ! EXERCICES PRATIQUES ... 127

→ ET POUR VOUS PERMETTRE DE VOUS LIBÉRER DE CES SCHÉMAS NÉGATIFS .... AUDIO 9 ... 130

EN RÉSUMÉ ... 131

CHAPITRE 7
LE CONTRAT FAMILILAL ... 133

MON CONTRAT FAMILIAL ... 143

→ **A VOUS DE JOUER ! EXERCICES PRATIQUES** 145

→ **ET POUR VOUS PERMETTRE DE VOUS POSITIONNER FACE À VOTRE CONTRAT FAMILIAL …. AUDIO 10** 150

EN RÉSUMÉ 151

ANNEXE 153
« Hypothèses de réponses à la question posée à mon arbre généalogique » 153

CHAPITRE 8 161
MON BILAN 161

REMERCIEMENTS 167

CHAPITRE 1

LES TRANSMISSIONS FAMILIALES

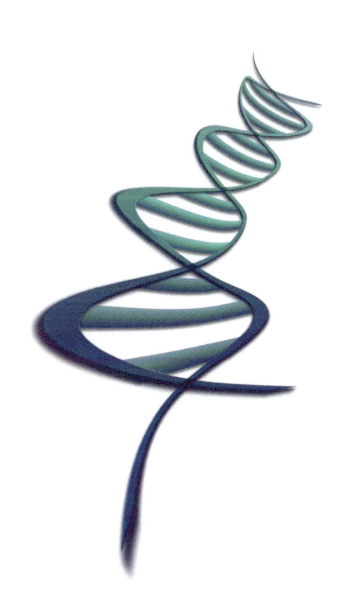

MON ADN ET LA MÉMOIRE DE MES ANCÊTRES

Avant d'entamer votre travail en psychogénéalogie, il est important de comprendre le processus par lequel vous avez hérité des mémoires familiales de vos ancêtres.

Vous, c'est qui ?

Vous êtes …

- Le messager de votre héritage familial, qui s'est inscrit dans vos cellules dès votre conception
- Né(e) des désirs inconscients (ou du non désir) de vos parents
- Influencé(e) par le contexte familial-socio-économico-politico-religieux au moment de votre conception et de votre développement intra-utérin
- Porteur(euse) des mémoires de votre vécu utérin, de votre naissance et de votre petite enfance (jusqu'à environ 7 ans)

Mais où tout cela est-il inscrit en vous ?

Quelques concepts théoriques pour répondre à cette question

Sigmund Freud a développé la théorie de l'âme collective[1]

Il a constaté une transmission de l'inconscient du père et de la mère, sur l'enfant : ce qui signifie un partage de l'inconscient. Ainsi, une partie de notre inconscient est porteur des souvenirs, émotions, pulsions et désirs de nos parents.

Quant à Karl Gustav Jung, il a élaboré la théorie de l'inconscient collectif, qui vient appuyer et élargir celle de Freud

Il constate que notre inconscient n'est pas seulement porteur d'une partie de la mémoire de nos parents. Mais également, porteur des évènements familiaux, sociétaux, politiques, religieux, économiques, etc. Comme des poupées russes qui s'emboîtent dans notre inconscient au moment de notre conception.

Tout est donc contenu dans votre inconscient.

Oui mais ... comment cette transmission entre inconscients se fait-elle ?

Pour répondre à cette question, allons voir du côté de l'épigénétique[2]

Les scientifiques ont pu observer que l'on héritait du vécu de nos ancêtres : famine, relations toxiques, traumatismes, etc. Par conséquent, la descendance naît avec des vulnérabilités, des prédispositions particulières ou des affections spécifiques.

---

[1] « Totem et tabou » Sigmund Freud
[2] L'épigénétique est une discipline de la biologie qui étudie les changements héréditaires dans l'expression des gènes.

C'est comme si les compteurs n'étaient pas remis à zéro à chaque naissance.

Or, chaque nouvel individu devrait, en théorie, recevoir un génome vierge de marques épigénétiques, c'est-à-dire sans les traces transgénérationnelles. Cela lui permettrait d'avoir ensuite le champ libre pour établir les siennes : celles liées à son environnement, à sa personnalité, à ses valeurs, etc.

Cependant, ces mêmes chercheurs, ont étudié les cellules germinales embryonnaires dites primordiales (futurs ovocytes et spermatozoïdes), à différents stades du processus habituel d'effacement des marques épigénétiques. Et ils ont constaté que certaines de ces traces résistaient bel et bien à l'effacement transgénérationnel ...

[3]En 2014, des chercheurs de l'Unige (université de Genève) ont découvert que les abus laissent une trace biologique dans l'ADN des victimes. Un traumatisme psychologique dans l'enfance peut laisser une cicatrice génétique chez l'adulte. Et cette cicatrice sur l'ADN, peut se retrouver jusqu'à la 3éme génération suivante !

Les transmissions familiales se font donc par le biais de l'ADN.

[4]Ainsi, à travers le génome de vos parents, vous héritez du génome de vos ancêtres, jusqu'à vos ancêtres homo sapiens ! Celui-ci est non seulement l'ancêtre commun à tous les Hommes mais aussi celui de tous les primates, mammifères, vertébrés, bactéries, ...

---

[3] Groupe de recherche du Professeur Alain Malafosse, du Département de psychiatrie de l'UNIGE (Université de Genève), en collaboration avec le Département de génétique et de développement
[4] Article « Transmissions génétiques » Jean-Louis Mandel Délégué de l'académie des sciences

Votre génome a donc la mémoire de l'évolution.

Ainsi, le génome définit notre appartenance à l'espèce humaine et contient les informations de base pour le fonctionnement (ou le dysfonctionnement) de nos cellules et organes. C'est notre identité génétique.

Notre génome contient également les informations sur nos capacités, nos comportements, notre santé et nos prédispositions à revivre certains évènements vécus chez nos ancêtres.

→ A VOUS DE JOUER ! EXERCICES PRATIQUES

Je vous propose de réaliser une enquête famille[5], afin de vous aider dans la suite de votre investigation en psychogénéalogie.

Attention, soyez un fin-e détective ! Les questions suivantes doivent vous servir de support lors d'une conversation avec votre famille. Evitez l'interrogatoire.

Cette liste de questions n'est pas exhaustive.

- **Conception**

Ai-je été voulu ?

Y avait-il des attentes / des rêves particulier concernant l'enfant que j'allais devenir ?

Comment l'annonce de la grossesse a-t-elle été vécue ?

…

_____

_____

_____

_____

---

[5] Une enquête de famille très complète est présente à la fin de l'ouvrage de Edmée Gaubert « Mémoires de fœtus »

_____

_____

_____

- **Déroulement de la grossesse**

Y a-t-il eu des événements marquants pendant la grossesse : accident, perte de quelqu'un d'important, maladies, choc physique/émotionnel/spirituel, stress, préoccupations, déménagement, conflits, etc ?

Des problèmes médicaux ?

Y a-t-il eu une fausse-couche ou un avortement avant vous ?

Comment votre père / fratrie est-il investi pendant la grossesse ?

Quand a-t-on su de quel sexe vous étiez ? Comment cela a-t-il été accueilli ? Fête ou « défête » ?

…

_____

_____

_____

_____

_____

_____

_____

- **Votre naissance**

Comment s'est déroulée votre naissance ?

Avez-vous été séparé-ée de votre mère à la naissance ?

Y a-t-il eu des complications ?

Qui a assisté votre mère à l'accouchement ?

Qui a choisi votre (vos) prénom(s) et pourquoi ?

…

_____

_____

_____

_____

_____

_____

- **L'environnement au moment de votre conception**

Quels étaient les événements économiques, politiques, sociaux liés à cette époque ?

Quelle était la situation professionnelle, financière de vos parents ?

Où habitaient vos parents ?

…

_____

_____

_____

_____

_____

_____

- **Votre enfance**

Quel bébé étiez-vous ?

Comment s'est déroulé la 1ère année de votre vie ?

Quel enfant étiez-vous ?

A quel âge avez-vous marché ? Comment s'est développé votre langage ?

Comment s'est déroulée votre scolarité ?

Y a-t-il eu des difficultés ? Des problèmes médicaux ? Des évènements particuliers qui ont traversés votre enfance ?

…

_____

_____

_____

_____

_____

_____

LES MÉMOIRES DE MON FŒTUS INTERIEUR

L'enquête famille est essentielle : elle peut y faire apparaître que certaines difficultés dans votre vie, ne trouvent aucune explication consciente. Car leur origine remonte à des événements que vous avez vécus dans votre vie intra-utérine et qui ont laissés des empreintes dans votre vie d'adulte.

Le foetus ressent les émotions, telles que la peur, la tristesse, la colère et la joie, vécues par sa mère, dans son environnement. Ainsi, il a tendance à se charger d'émotions qui ne lui appartiennent pas. En effet, le fœtus humain est capable de ressentir très tôt l'environnement dans lequel il évolue, grâce à ses sens qui se développent dès 12 semaines : il sent, goûte, entend et touche. Mais il est aussi capable d'enregistrer le bien-être ou le mal-être dans lequel il baigne.

La raison ? Les sons ! Le fœtus associe les sons qu'il entend, aux ressentis de sa mère. Et ainsi, se façonne.[6]

Les sons associés aux émotions de votre mère, que vous avez captées lors de votre gestation, marqueront alors profondément les orientations de votre vie d'adulte.

---

[6] étude intitulée "Dans le ventre de sa mère, le fœtus associe sons et émotions" est publiée par *The Conversation*. Alban Lemasson, enseignant et chercheur au laboratoire d'éthnologie animale et humaine (EthoS) et Martine Hausberger, directrice au laboratoire du CNRS, dirige l'équipe de recherche de PEGACE au sein du laboratoire d'ethnologie animale et humaine (EthoS)

→ A VOUS DE JOUER ! EXERCICES PRATIQUES

Les informations que vous avez obtenues grâce à l'enquête famille, vous sont donc précieuses, à cette étape de votre travail en psychogénéalogie.

Notez ci-dessous, les liens que vous pouvez établir entre votre histoire de vie, vos impressions, vos croyances et les réponses données par votre famille :

_____

_____

_____

_____

_____

_____

_____

→ POUR ACCUEILLIR CE FŒTUS QUE VOUS ÉTIEZ, PARTONS À SA RENCONTRE …. AUDIO 1

Scannez le QR Code et entrez le code : livre.

Ou suivez le lien www.psychogenealogievienne.fr

Rubrique livre → accéder aux audios et entrez le code : livre.

Pensez à noter ensuite vos vivances[7] ci-dessous :

_____

_____

_____

_____

_____

_____

---

[7] Le terme vivances est un terme emprunté au père de la sophrologie, le Pr. CAYCEDO. Le terme vivances parle de votre vécu lors des audios : ce que vous visualisez, ressentez, l'impact émotionnel que cela génère ainsi que les prises de conscience qui émergent.

LES MÉMOIRES DE MON ENFANT INTERIEUR

Cette enquête famille montre également que les difficultés que vous rencontrez dans votre vie, peuvent trouver leur origine dans votre petite enfance : c'est ce que nous appelons l'enfant intérieur.

L'enfant intérieur est une facette de vous-même qui a souffert durant votre enfance et qui continue de s'exprimer dans votre vie d'adulte.

A l'image des poupées russes, l'enfant que nous étions, existe toujours en nous. Et seul un enfant intérieur qui va bien, guéri de ses traumas et qui a vu ses besoins primaires nourris (sécurité, affection, reconnaissance, respect), peut devenir un adulte épanoui.

Il est important de réhabiliter votre enfant intérieur, de faire la paix avec lui, afin qu'il devienne votre allié et vous permette de vivre votre vie d'adulte, en toute sérénité.

En effet, l'adulte que vous êtes, ressent des émotions qui peuvent le submerger, face à des évènements qui, apparemment, semblent anodins.

Quelques exemples :

- A chaque fois que le mari de Mme X partait en déplacement, elle ressentait un vide intérieur immense. Pourtant, Mme X restait avec ses enfants. Elle avait des amis-es présent-es. Un travail. Mais rien n'y faisait ! Jusqu'au jour où elle rencontra son enfant intérieur, qui la ramèna sur une mémoire de son enfance : le jour où son père était parti acheter le journal et n'était jamais revenu. Même des années après, la blessure d'abandon était toujours aussi présente ...

- Les parents de M. Z se disputaient sans arrêt. Il a même assisté, très jeune, à des scènes de violence où son père levait la main sur sa mère. Avec son frère, dans ces moments-là, ils allaient se cacher sous son lit, dans sa chambre. Quand le calme revenait, sa mère les rejoignait, pleurait et M. Z la consolait. Devenu adulte, M. Z se plaignait d'être constamment rejeté par les femmes : à chaque fois qu'il rencontrait une femme (qu'il choisissait en souffrance), il se mettait en quatre pour qu'elle se sente mieux, l'aidait avant même qu'elle ne le demande, tentait tout pour la sauver ... sans se rendre compte qu'il devenait envahissant et harcelant ! Devenu adulte, l'enfant intérieur de M. Z cherchait toujours à sauver sa mère des griffes de son père ...

- Chez Mme W, ce n'étaient pas les parents qui posaient les règles. Mais la sœur de sa mère. Cette tante, qui n'avait pourtant pas d'enfant, savait mieux que tout le monde comment faire : c'est elle qui décidait comment il fallait se tenir à table, lors des repas dominicaux ; qui inspectait les tenues et la propreté des ongles ; qui donnait son aval pour inviter telle ou telle personne ; qui faisait les remontrances lorsque le bulletin de notes arrivait ; qui décidait des cadeaux à Noël ; etc. Et même quand la tante n'était pas là, tout le monde suivait ses directives, de peur de la mettre en colère ! Quand Mme W fût en âge de se marier, elle choisit un homme qui régenta sa vie, sans se préoccuper de ce qu'elle désirait, de ce qu'elle était ... L'enfant intérieur de Mme W n'avait jamais appris à réfléchir par lui-même, à se faire confiance, à être autonome.

→ A VOUS DE JOUER ! EXERCICES PRATIQUES

Les informations que vous avez obtenues grâce à l'enquête famille, vous sont également précieuses, à cette étape de votre travail en psychogénéalogie.

Notez ci-dessous, les liens que vous pouvez établir entre votre histoire de vie, vos impressions, vos croyances et les réponses données par votre famille :

_____

_____

_____

_____

_____

_____

_____

→ POUR METTRE EN SÉCURITÉ L'ENFANT QUE VOUS ÊTIEZ…. AUDIO 2

Scannez le QR Code et entrez le code : livre.

Ou suivez le lien www.psychogenealogievienne.fr

Rubrique livre → accéder aux audios et entrez le code : livre.

Pensez à noter ensuite vos vivances ci-dessous :

_____

_____

_____

_____

_____

_____

_____

_____

EN RÉSUMÉ

Dans votre ADN et votre inconscient, sont contenus :

- Les mémoires de vos ancêtres
- Les désirs à votre encontre, de vos parents
- Le contexte familial et sociétal
- Votre vécu utérin
- Les événements vécus dans votre petite enfance

Le reste de votre vie est ensuite conditionné par ces mémoires et par la répétition d'événements, de comportements, de maladies ... qui ont du sens pour votre lignée familiale !

Charge à vous, maintenant que vous en avez conscience, de vous libérer de ce qui vous empêche d'être vous-même ...

C'est le travail en psychogénéalogie qu'il vous est proposé de suivre au fil des pages suivantes.

CHAPITRE 2

LE GÉNOGRAMME

LA QUESTION À MON ARBRE

Comme nous l'avons vu, votre ADN joue un rôle essentiel dans les transmissions familiales. C'est grâce (ou à cause) de lui, que vous êtes porteurs-euses des mémoires de vos ancêtres. Seulement, il faut bien le dire, certaines mémoires ne facilitent pas votre vie ... vous pourriez même dire, qu'elles l'alourdissent. Voir, qu'elles mettent votre vie en suspend !

Mais que souhaitez-vous véritablement comprendre dans votre maillage familial ? Quel est le problème que vous rencontrez et dont vous n'arrivez pas à vous libérer ?

Il est très important de choisir en amont votre demande par rapport à ce travail. C'est en élucidant votre demande et en ouvrant le champ des réponses, que vous allez « stopper » le processus des répétitions.

Voici quelques exemples :

« Je veux découvrir pourquoi les femmes de ma famille sont mères-célibataires, comme moi ? »

« Pourquoi les hommes (ou les femmes) de ma famille sont dominants-es ? »

« Pourquoi telle ou telle pathologie touche les hommes (ou les femmes) de ma famille – dont moi ? (alcool, violences, cancer, maladies diverses, …..)

« Chez nous, les relations sont fusionnelles, ou les liens sont rompus. Pourquoi de tels extrêmes ? »

« J'ai été parentifié par l'un de mes parents, pourquoi ? »

« Pour quelles raisons ne suis-je pas heureux(se) en couple, comme les hommes (ou les femmes) de ma famille ? »

« Pourquoi je n'arrive pas à trouver ma place ? »

« Dans ma famille, nous retrouvons beaucoup de décès prématurés ou des fausse-couches et/ou des IVG. Pour quelles raisons ?

Etc.

Il y a autant d'orientations dans un travail en psychogénéalogie, que d'individus.
Car chaque histoire est unique.

→ A VOUS DE JOUER ! EXERCICES PRATIQUES

La question à mon arbre généalogique, est :

___

→ VENEZ MAINTENANT POSER VOTRE QUESTION À VOTRE ARBRE GÉNÉALOGIQUE, POUR OUVRIR LA PORTE DE LA COMPRÉHENSION …

AUDIO 3

Scannez le QR Code et entrez le code : livre.

Ou suivez le lien www.psychogenealogievienne.fr

Rubrique livre → accéder aux audios et entrez le code : livre.

Pensez à noter ensuite vos vivances ci-dessous :

_____

_____

_____

_____

_____

_____

MON ENQUÊTE GÉNÉALOGIQUE

Maintenant que vous avez formulé une question claire à votre arbre, quelques investigations sont nécessaires, avant de constituer votre arbre généalogique.

Recherchez :

- <u>Les dates</u> de naissance, décès, mariages, divorces, rencontres, fausse-couches, enfants morts-nés, IVG (Interruption Volontaire de Grossesse), ITG (Interruption Thérapeutique de Grossesse), adoptions, abandons, ...

- <u>Les prénoms</u>, surnoms, noms et noms de naissance

- <u>Les lieux de vie</u>, métiers, rapport à l'argent, contexte socio-culturel, maladies, licenciements...

Concernant :

- vos grands-parents paternels et maternels
- vos parents et leur fratrie
- votre fratrie
- votre conjoint-e actuel-le et ex-conjoints-es qui ont été importants-es pour vous
- vos enfants

Vous pouvez faire des recherches concernant vos arrières grand-parents paternels et maternels ou plus, si vous ressentez que cela est important dans la résolution de votre question à l'arbre.

Notez tout ce que vous allez découvrir et ne vous souciez pas des codes graphiques, vous y aurez ensuite accès.

Pour trouver ces informations :

- référez-vous à votre famille
- trouvez les livrets de famille (il est d'ailleurs intéressant de noter ceux qui les détiennent : peut-être sont ils les gardiens des secrets de famille, des non-dits ?)
- appelez les mairies de naissance de vos ascendants
- recherchez sur certains sites internet de généalogie
- etc

En psychogénéalogie, il est dit que tout élément introuvable est déjà un élément de réponse à la question que vous posez à votre arbre. Alors rassurez-vous, s'il vous manque des dates ou des informations, c'est peut-être signifiant.

→ A VOUS DE JOUER ! EXERCICES PRATIQUES

Notez vos recherches :

_____

_____

_____

_____

_____

_____

_____

_____

_____

_____

CRÉER MON GÉNOGRAMME[8]

Votre axe de travail est formalisé. Vous avez obtenu des dates et des renseignements divers sur l'histoire de votre famille. Vous êtes désormais prêts-es à réaliser votre arbre généalogique, appelé génogramme en psychogénéalogie.

Le génogramme offre une lecture transgénérationnelle de votre histoire familiale. Il associe les éléments généalogiques, aux événements importants, aux maladies, etc.

Le génogramme est une façon de représenter un arbre généalogique familial, qui contient les principales informations sur les membres d'une famille sur au moins trois générations.

Cet outil rejoint l'approche systémique[9] qui permet de voir un problème dans son ensemble : il s'agit ici de voir un individu dans un contexte familial.

---

[8] Grégory Bateson est le concepteur du génogramme
[9] Approche systémique : définit une approche spécifique des relations sociales, qui ne se concentre pas uniquement sur l'individu.

Conventions graphiques pour la création de votre génogramme :

○ Pour représenter le sexe de la personne :

Homme △

Femme ○

Sexe inconnu ▢

○ Pour représenter le lien de couple :

Marié

En union libre (PACS ou autre) et vivant sous le même toit

En couple et ne vivant pas sous le même toit

Divorcé

Séparé et

Pour un remariage, on note **1**, le 1er mariage, **2**, le second ainsi de suite

○ Pour représenter les enfants

Une fille ○

Un garçon △

Un enfant mort de sexe inconnu

Des jumeaux

Des jumelles

Un avortement

Une fausse-couche

Un enfant mort-né

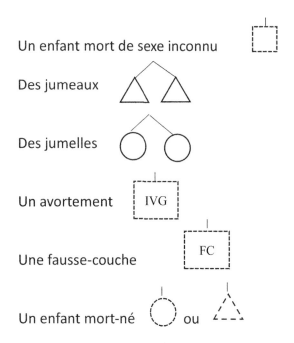

L'ordre de la fratrie : l'ainé doit être positionné à gauche sous les parents et le benjamin à droite. Les frères et sœurs entre les 2, dans l'ordre de naissance.

- Pour représenter une personne décédée

Mort ✝

- Pour représenter des personnes vivant sous le même toit, alors qu'ils ne sont pas de la même famille (expl : famille d'accueil, enfant adopté)

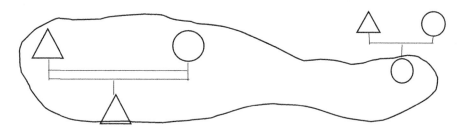

- Symboles représentants les faits et les maladies

R = Rencontre + date

M = mariage + date

A = accident + date

C = maladie cardiaque + date

Dp = dépression

FC = fausse-couche +date

P = père

M = mère

GPP - GPM = grand-père paternel - maternel

AGPP - AGPM = arrière-grand-père paternel – maternel

D = divorce + date

S = séparation + date

G = guerre + dates

AA = alcoolisme

Ad = adopté + date

Sc = suicide + date

K = cancer + date

MB = mort brutale + date

Vous pouvez inventer d'autres codes pour d'autres maux, maladies ou faits.

Exemple d'un génogramme

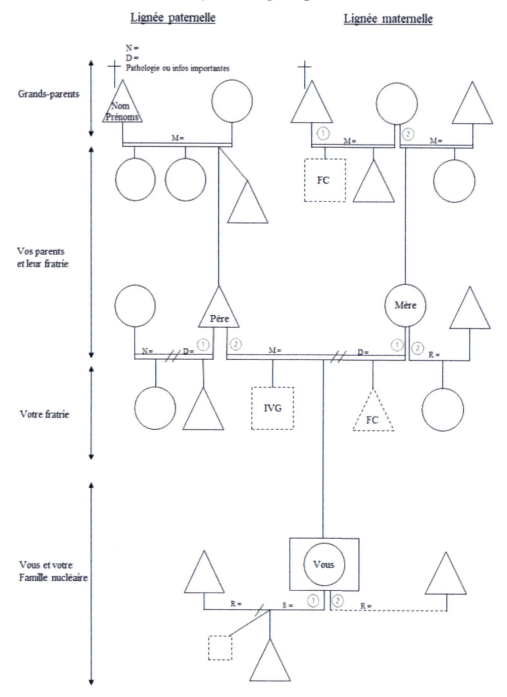

→ A VOUS DE JOUER ! EXERCICES PRATIQUES

Créez votre génogramme et complétez-le avec toutes les données que vous avez trouvées.

Recommandations :

- ❏ Prenez une feuille A3 ou scotchez plusieurs feuilles ensemble
- ❏ Utilisez les codes graphiques pour créer votre génogramme
- ❏ Ne prenez qu'une seule couleur pour créer votre génogramme, de préférence, le noir
- ❏ Commencez par vos grands-parents paternels, en haut à gauche
- ❏ Puis par vos grands-parents maternels en haut à droite, à la même hauteur que vos grands-parents paternels
- ❏ Il n'est pas nécessaire de noter vos oncles et tantes par filiation, ni vos cousins et cousines, sauf si cela a une importance par rapport à votre question posée à l'arbre
- ❏ Pour une meilleure lecture, descendez plus bas vos parents, que leur fratrie
- ❏ Tout comme pour vous, descendez-vous plus bas que votre fratrie et entourez-vous d'un carré (on sait ainsi qu'il s'agit de <u>votre</u> génogramme)

EN RÉSUMÉ

Ecrivez l'histoire de votre famille

Servez-vous de toutes les données recueillies, pour raconter votre histoire familiale :

Lignée paternelle	Lignée maternelle
Lieux d'habitation Métiers Entente dans le couple, avec les enfants, entre les enfants Les grands évènements vécus Les maladies Les décès Les infidélités Les enfants hors mariage Les secrets Etc	Idem

_____

_____

_____

_____

Rendez-vous à l'annexe p153
« Hypothèses de réponses à la question posée à mon arbre généalogique »

CHAPITRE 3

LES LOIS DE TRANSMISSIONS FAMILIALES

LA CRYPTE ET LE FANTÔME

Après avoir représenté par un génogramme l'histoire de votre famille, regardons maintenant de plus près vos ancêtres : y trouvez-vous un ancêtre « mal-mort »[10] ?

Qu'est-ce qu'un ancêtre « mal-mort » ?

Pour être reconnu « mal-mort », cet ancêtre :

- a commis une faute aux yeux de la loi (inceste, meurtre, vol, …) ou aux yeux du code familial (suicide, choix de vie différents, …)

- n'a pas vécu sa vie : mort prématurée, IVG, ITG, fausse-couche, maladie qui se reproduit au sein de la famille, …

- a subi les vivants, qui ont contribué à sa mort (physique ou symbolique) : la famille l'a exclu ou bien ne l'a pas soutenu ou secouru ou encore, il y a eu des préférences au sein de la fratrie ou on l'a empêché de faire ce qu'il souhaitait (vocation contrariée, mariage arrangé, amours déçus …).

---

[10] Travaux des psychanalystes Nicolas Abraham et Maria Torok « L'écorce et le noyau » ; et du psychanalyste Didier Dumas « l'ange et le fantôme »

Et c'est dans une crypte, que l'on retrouve le fantôme. La **crypte est une dimension de soi où rien ne fonctionne**. C'est comme un trou noir qui consomme notre énergie et où s'exprime cet ancêtre « mal-mort » (= fantôme). La crypte devient le lieu du secret, de ce qui n'a pas été dit, du traumatisme ... qui reste comme inscrit dans la descendance.

C'est ainsi que, si nous sommes reliés à un « mal-mort », **notre propre vie ne peut s'exprimer** et nous subissons des maux tels que : fatigue, dépression, déficit de créativité, maladie, asthénie, manque d'appétit de vivre et d'aimer, trouble de la libido, etc.

→ A VOUS DE JOUER ! EXERCICES PRATIQUES

Recherchez sur votre génogramme et dans l'histoire de votre généalogie, si vous avez un ou plusieurs ancêtre-s « mal-mort-s ».

Notez le résultat de vos recherches ci-dessous :

_____

_____

_____

_____

Voyons maintenant si cet ancêtre "mal-mort" (le fantôme) est en relation avec vous. On parle alors de valse transgénérationnelle :

La valse transgénérationnelle regroupe ceux qui possèdent la même mémoire familiale et sont donc en liaison. Pour calculer sa valse transgénérationnelle :

- Tous les aînés possèdent la même mémoire transgénérationnelle que tous les enfants de votre généalogie nés en 4ème, 7ème, 10ème position.

- Tous les cadets possèdent la même mémoire transgénérationnelle que tous les enfants de votre généalogie nés en 5ème, 8ème, 11ème position.

- Tous les benjamins possèdent la même mémoire transgénérationnelle que tous les enfants de votre généalogie nés en 6ème, 9ème, 12ème position.

⚠️ Pensez que si, avant votre naissance, votre mère à fait une fausse-couche, ou un avortement, cela compte comme une naissance.

Par exemple : si vous êtes l'aîné-e de la fratrie et que votre mère a fait une fausse-couche avant vous, vous êtes donc le cadet-ète (et non l'aîné-e).

Le tableau est là pour vous aider à repérer votre valse transgénérationnelle :

Aînés	Cadets	Benjamins
1	**2**	**3**
4	5	6
7	8	9
10	11	12

Avec quels ancêtres partagez-vous la même valse transgénérationnelle ?

_____

_____

Repérez tous les ancêtres qui font partie de votre valse transgénérationnelle, en les surlignant de la même couleur, sur votre génogramme.

Dans votre valse, y a t il un ou plusieurs ancêtre-s "mal-mort-s" ?

_____

Si oui, vous êtes dans une **crypte** !

En étant dans une crypte, votre ancêtre « responsable » va s'incruster dans votre vie et vous faire vivre à nouveau la situation qu'il a connue et qui l'a conduit à être un « mal-mort ».

- Par exemple : s'il a connu un mariage arrangé dans lequel il a été malheureux, vous risquez de connaître des unions difficiles où vous n'arrivez pas à trouver le bon(ne) partenaire pour vous ; ou bien vous n'êtes jamais satisfait(e) de la personne avec qui vous partagez votre vie ; etc.

Comment sortir de la crypte ?

 Demandez-vous quelle(s) incidence(s) ce fantôme à sur votre vie ?

 Retrouvez l'histoire de votre ancêtre.

 Écrivez là : c'est lui rendre la parole, lui redonner sa place.

 Retournez, dans la mesure du possible, sur son lieu de vie ou sur sa tombe et laisser venir les mots-clés qui vous permettrons d'ouvrir votre crypte ; si vous ne pouvez pas y retourner, créez un autel à sa mémoire et laissez venir les mots-clés qui ouvriront votre crypte.

 Notez et répétez ensuite ces mots clés à voix haute à quelqu'un de proche : c'est valider l'ouverture de votre crypte.

→ POUR ANCRER VOTRE SORTIE DE LA CRYPTE ... AUDIO 4

Scannez le QR Code et entrez le code : livre.

Ou suivez le lien www.psychogenealogievienne.fr

Rubrique livre → accéder aux audios et entrez le code : livre.

⚠️ N'écoutez cet audio que si vous êtes dans une crypte.

Pensez à noter ensuite vos vivances ci-dessous :

_____

_____

_____

_____

_____

_____

_____

LE SYNDROME DU GISANT[11]

Cet ancêtre mal-mort, si vous en avez un, peut vous avoir enfermé dans une crypte mais également, vous demander de le remplacer pour continuer sa vie inachevée. Un gisant, est donc un enfant de remplacement. C'est-à-dire qu'il vient « ressusciter » symboliquement le disparu.

Souvent, la mort de ce fantôme, est une mort qui a été vécue dans une forte douleur jamais cicatrisée ou dans le silence (comme si cet ancêtre avait été "tu", oublié). En conséquence, nos ancêtres demandent à notre arbre généalogique de réparer cette vie inachevée, de leur **redonner cet enfant** dont le deuil est inacceptable. L'arbre va alors choisir un nouveau-né et lui demander de remplacer cet ancêtre mort précocément. Et le nouveau-né n'a pas d'autre choix que d'accepter (insconciemment) cette demande …

C'est la loi de survie des espèces : s'il manque un membre, il faut le remplacer.

Ainsi, si vous souffrez du syndrome du gisant, c'est comme si vous aviez un virus à l'intérieur de vous : votre vie ne vous appartient pas, ne vous correspond pas mais vous n'arrivez pas à changer le cours des choses. Vous êtes alors condamné-e à vivre la vie que votre ancêtre n'a pas achevée !

On dit alors que vous êtes un enfant de remplacement.

---

[11] Travaux du Docteur Salomon Sellam

→ A VOUS DE JOUER ! EXERCICES PRATIQUES

Reprenez dans vos recherches, si vous avez un ou plusieurs ancêtre-s décédé-s prématurément avant votre naissance.

Notez le résultat de vos recherches ci-dessous :

_____

_____

_____

Calculez ensuite si vous êtes l'enfant de remplacement (= le gisant) de cet-ces ancêtre-s :

Ajoutez 9 mois à votre date de naissance

Comparez cette date :

- à la date de naissance du défunt
- ou à la date de décès du défunt
- ou à la date de conception du défunt

Si cela correspond, vous êtes l'enfant de remplacement (=le gisant) de ce défunt.

NB : la comparaison admet un écart d'une semaine, avant ou après (**par exemple** : si je suis né(e) le 10 juillet, l'ancêtre correspondant sera né entre le 3 et 17 juillet ou conçu entre le 3 et 17 juillet ou décédé entre le 3 et 17 juillet)

Les tableaux suivants vous aideront dans vos calculs

Mon mois de naissance	Janvier	Février	Mars	Avril	Mai	Juin
Conception	Avril	Mai	Juin	Juillet	Août	Sept
Gisant (Point G)	Oct	Nov	Dec	Janvier	Fevrier	Mars
Point V	Juillet	Août	sept	Octobre	Nov	Dec
Mon mois de naissance	Juillet	Août	Sept	Oct	Nov	Dec
Conception	Oct	Nov	Dec	Janvier	Février	Mars
Gisant (Point G)	Avril	Mai	Juin	Juillet	Août	Sept
Point V	Janvier	Février	Mars	Avril	Mai	Juin

Reprenons l'exemple :

Si je suis né(e) en janvier :
- Mon point V est en juillet : c'est le mois idéal, pour moi, pour mettre en place ce dont j'ai besoin pour évoluer.

Quel est votre point V ?

Dans le tableau précédent «Aide pour vos calculs», il reste un chiffre appelé **Point V**.

Ce point V correspond au 4ème chiffre de l'axe transgénérationnel sur lequel vous vous trouvez.

V signifie Vie. Il représente la Vie et tout ce qui peut constituer la réalisation de soi-même, son propre développement. C'est une sorte de fourchette spatio-temporelle au cours de laquelle il nous est proposé d'évoluer, pour accéder à un autre pallier de notre croissante personnelle

Pour vous libérer du syndrome du gisant

 Demandez-vous quelle(s) incidence(s) à ce syndrôme sur votre vie ?

 Retrouvez l'histoire de votre ancêtre.

 Écrivez là : c'est lui rendre la parole, lui redonner sa place.

 Retournez, dans la mesure du possible, sur son lieu de vie ou sur sa tombe et laisser venir les mots-clés qui vous permettrons de vous libérer ; si vous ne pouvez pas y retourner, créez un autel à sa mémoire et laissez venir les mots-clés qui vous libèreront de votre ancêtre.

 Notez et répétez ensuite ces mots clés à haute voix à quelqu'un de proche : c'est valider votre libération.

→ POUR NE PLUS ÊTRE UN ENFANT DE REMPLACEMENT ... AUDIO 5

Scannez le QR Code et entrez le code : livre.

Ou suivez le lien www.psychogenealogievienne.fr

Rubrique livre → accéder aux audios et entrez le code : livre.

⚠️ N'écoutez cet audio, que si vous êtes un gisant.

Pensez à noter ensuite vos vivances ci-dessous :

_____

_____

_____

_____

_____

_____

_____

EN RÉSUMÉ

Lorsque l'arbre généalogique perd un de ses membres prématurément, c'est comme s'il perdait une branche, un de ses bras. L'arbre généalogique va donc chercher à combler cette perte, en demandant à un membre des générations suivantes, de la remplacer.

Cette demande inconsciente de remplacement, va se faire au moment de la conception. L'enfant en devenir peut accepter ou refuser cette demande.

Cependant, nous remarquons que cet enfant qui va accepter la demande de son arbre, viendra expérimenter le fait de trouver sa place. Et il la trouvera quand il se libérera de cet ancêtre qu'il n'est pas !

Rendez-vous à l'annexe p153
« Hypothèses de réponses à la question posée à mon arbre généalogique »

CHAPITRE 4

LA BALANCE DES COMPTES

MON CODE DE LOIS FAMILIALES

Dans ce chapitre, il s'agit de regarder les comportements et les croyances de vos ancêtres. En effet, votre famille est unique et adopte donc un fonctionnement qui lui est propre

Le code de lois familiales, c'est la façon de fonctionner dans une famille, qui est régie suivant des codes que tout le monde connaît inconsciemment.

C'est tout ce que l'on a le droit de faire, de ne pas faire, ainsi que nos devoirs.

Sans vous l'avoir obligatoirement dit, votre famille vous a transmis inconsciemment des valeurs, des principes, des interdictions, des devoirs, des droits :

Quelques exemples :

- Dans certaines familles, la valeur travail est si importante, que même malade, il faut aller travailler !
- Dans d'autres familles, il est interdit de pleurer ! Même pour les filles. Sa tristesse, on ne la montre pas, on ne l'exprime pas ...
- Et pour d'autres encore, le sexe est tabou !
- Sans vous parler de la place des hommes et celle des femmes ... au sein des familles.

→A VOUS DE JOUER ! EXERCICES PRATIQUES

Avec l'aide des questions ci-dessus, complétez votre code de lois familiales :

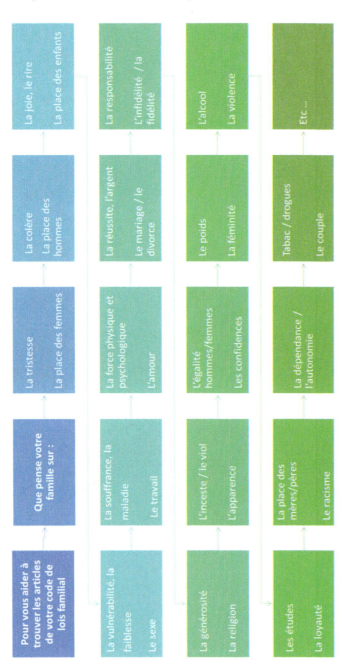

75

Droits	Devoirs	Interdits

Droits	Devoirs	Interdits

Droits	Devoirs	Interdits

Savez-vous, pour chaque article :

- Qui l'a choisi ?

- Quand a-t-il été choisi ? (il peut y avoir des événements marquants, tels que la guerre, un décès, …)

_____

_____

_____

_____

_____

_____

_____

_____

_____

_____

- Pour quelles raisons ?

- Qui en est à l'origine ?

_____

_____

_____

_____

_____

_____

_____

> **Notez les articles qui peuvent être à l'origine de votre question posée à votre arbre, dans l'annexe 1 "hypothèses de réponses à la question posée à mon arbre généalogique" p153.**

C'est comprendre quels articles de votre code de lois familiales impactent votre vie et quelle(s) incidence(s) ils ont sur votre problématique.

LES ÉMOTIONS

Votre code de lois familiales parlent d'émotions que vous avez le droit ou l'interdiction d'exprimer.

Quelles sont les émotions que vous exprimez facilement ?

Et celles qui sont les plus difficiles à manifester ?

Émotions principales	Joie
	Colère
	Mépris
	Dégoût
	Peur
	Confiance

La façon dont vous exprimez vos émotions, est-elle en conformité ou en opposition avec ce que vous demande votre code de lois familiales ?

_____

_____

MES RÔLES ET RESPONSABILITÉS

*Le travail que vous venez de faire sur votre code de lois familiales,
est d'une importance capitale, pour en mesurer les conséquences sur votre vie.*

En effet, ce code peut vous avoir fait adopter des rôles et des responsabilités, qui peuvent ne pas vous ressembler.

2 exemples de rôles :

- **Rôle 1 : je le nomme "le/la professionnel-elle"**

<u>2 responsabilités qui peuvent en découler</u> :   être à l'écoute

(cf. la fiche du poste que vous occupez)   proposer un cadre rassurant

<u>Est-ce que j'assume ces responsabilités</u> ?   Oui   Non

↳   Oui car c'est comme cela que j'aime pratiquer mon métier

<u>Impact possible de ces responsabilités sur les autres</u>:   favoriser la parole et le travail

sur soi

<u>Est-ce un rôle équilibré ?</u>   Oui   Non

↳   Oui car je suis entourée, à l'extérieur de mon travail, de personnes qui m'écoutent et m'aident lorsque j'en ai besoin.

↳   ou Non car je suis toujours celui/celle qui écoute

- **Rôle 2 : je le nomme "le/la victime »**

<u>2 responsabilités qui peuvent en découler</u> : porter le malheur du monde sur mes épaules

penser que le monde m'en veut, que je n'ai jamais de chance

<u>Est-ce que j'assume ces responsabilités</u> ?   Oui   Non
↳ Oui mais cela me pèse

<u>Impact possible de ces responsabilités sur les autres :</u>   les gens me consolent mais certains me repoussent car ils me perçoivent comme une personne négative

<u>Est-ce un rôle équilibré ?</u>   Oui   Non
↳ Non car je suis malheureux-se

→ A VOUS DE JOUER ! EXERCICES PRATIQUES

Quels sont les rôles que vous jouez dans votre vie ?

Nom du rôle 1 :

_____

2 responsabilités qui incombent à ce rôle :

_____

_____

Les assumez-vous ?

_____

_____

Quel-s impact-s a/ont ces responsabilités sur les autres ?

_____

_____

Est-ce un rôle équilibré ?

_____

Nom du rôle 2 :

_____

2 responsabilités qui incombent à ce rôle :

_____

_____

Les assumez-vous ?

_____

_____

Quel-s impact-s a/ont ces responsabilités sur les autres ?

_____

_____

Est-ce un rôle équilibré ?

_____

Nom du rôle 3 :

_____

2 responsabilités qui incombent à ce rôle :

_____

_____

Les assumez-vous ?

_____

_____

Quel-s impact-s a/ont ces responsabilités sur les autres ?

_____

_____

Est-ce un rôle équilibré ?

_____

Nom du rôle 4 :

_____

2 responsabilités qui incombent à ce rôle :

_____

_____

Les assumez-vous ?

_____

_____

Quel-s impact-s a/ont ces responsabilités sur les autres ?

_____

_____

Est-ce un rôle équilibré ?

_____

Nom du rôle 5 :

_____

2 responsabilités qui incombent à ce rôle :

_____

_____

Les assumez-vous ?

_____

_____

Quel-s impact-s a/ont ces responsabilités sur les autres ?

_____

_____

Est-ce un rôle équilibré ?

_____

Pour chacun de ces rôles et de ces responsabilités, êtes-vous en conformité avec votre code de lois familiales ?

_____

_____

_____

_____

_____

_____

_____

_____

> **Notez les rôles qui peuvent être à l'origine de votre question posée à votre arbre, dans l'annexe 1 "hypothèses de réponses à la question posée à mon arbre généalogique" p153.**

MA BALANCE DES COMPTES[12]

Vous venez de formaliser et de mettre en conscience votre identité familiale :

- les articles de votre code de lois familiales
- Vos émotions
- Ainsi que vos rôles et responsabilités en lien avec le code de lois familiales

Il s'agit, maintenant, de savoir :

- ce que vous souhaitez pour vous-même,
- comment vous voulez vivre votre vie
- et ce que vous avez envie de transmettre à votre descendance

Car :

- Si vous êtes loyal-e à votre identité familiale et que vous ne décelez pas de déséquilibre, alors tout va bien.
- Si vous êtes déloyal-e à votre identité familiale et que vous rejetez en bloc tout ce qui est prôné, **vous vous exposez à un rejet de votre famille et à un mal-être intérieur**. En effet, être déloyal(e), ne signifie pas être soi.
- Si vous acceptez cette identité familiale mais qu'en réalité vous y êtes opposé(e), vous prenez le **risque de développer des maux, des maladies**. Votre corps parlera

---

[12] Nina Canault « Comment paye-t-on la faute de ses ancêtres » - Philippe Kerforne & Ales Clerque « Comment se libérer des blocages familiaux »

de votre souffrance à vivre quelque chose, avec lequel vous n'êtes pas en accord : cela développera des **dettes familiales** qui vont se transmettre de générations en générations.

Dans quelle situation pensez-vous vous trouvez-vous ?

→ A VOUS DE JOUER ! EXERCICES PRATIQUES

Ecrire ma balance des comptes (mon nouveau code de lois familiales) :
- Relever les articles de votre code de lois familiales, avec lesquels vous êtes **en conformité** : droits, devoirs et interdits
- Relever les émotions que vous **aimez exprimer ou taire**
- Relever les rôles qui sont **équilibrés**

Les articles avec lesquels je suis en conformité		
Droits	**Devoirs**	**Interdits**

Les émotions que je souhaite garder telles quelles	
Exprimer	**Taire**

Mes rôles équilibrés

**Ensuite, complétez votre balance des comptes, avec
les articles de votre code de lois familiales <u>que vous souhaitez faire évoluer</u> :**

- **Les codes que vous souhaitez faire évoluer dorénavant :**

Par exemple : « en tant que femme, je dois servir mon mari et mes enfants »

→**Transformation de l'article** :

En tant que femme, je veille au bien-être de ma famille (devoir)

J'ai le droit d'écouter mes besoins et de me faire chouchouter (droit)

Je veille à l'équilibre homme/femme dans le quotidien (devoir)

En tant que parents, nous veillons à favoriser l'autonomie des enfants (devoir)

- **Les émotions que vous souhaitez exprimer dorénavant :**

Par exemple : je ne pleure pas

→**Transformation** : je m'autorise à pleurer quand j'en ressens le besoin

- **Les rôles et responsabilités déséquilibrés, que vous souhaitez remettre en équilibre :**

Exemple : rôle de le/la victime

2 responsabilités :   Porter le malheur du monde sur mes épaules

Penser que le monde m'en veut, que je n'ai jamais de chance

→**Transformation** : rôle de responsable de sa vie

2 responsabilités : Acteur-trice de ses propres changements

Positive

Faites en sorte que vos articles, émotions et rôles soient en accord, pour que cela fonctionne.

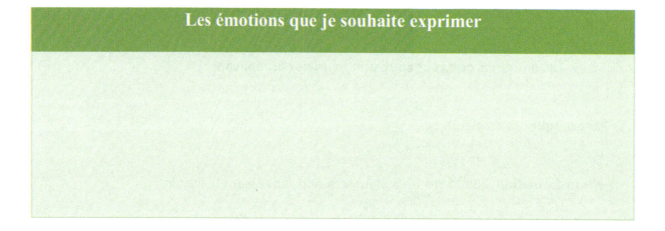

Les articles que je souhaite faire évoluer		
Droits	**Devoirs**	**Interdits**

Les rôles que je souhaite modifier pour qu'ils deviennent équilibrés

→ ET POUR ANCRER VOTRE NOUVELLE BALANCE DES COMPTES ET VOUS LIBÉRER DE VOS DETTES FAMILIALES …. AUDIO 6

Scannez le QR Code et entrez le code : livre.

Ou suivez le lien www.psychogenealogievienne.fr

Rubrique livre → accéder aux audios et entrez le code : livre.

Pensez à noter ensuite vos vivances ci-dessous :

_____

_____

_____

_____

_____

_____

_____

EN RÉSUMÉ

Chaque famille vit en fonction de son propre fonctionnement = le code de lois familiales. Tous les membres de la famille le connaissent de façon inconsciente.

Ce code régit les droits, les devoirs et les interdictions pour tous les membres. Et il a un impact sur l'expression de nos émotions et des rôles que nous jouons tout au long de notre vie. La famille attend de vous, que vous vous y conformiez, pour son bon fonctionnement ! En effet, ces codes ont été mis en place par les générations précédentes, en fonction de ce qu'ils ont vécu et de la société / du pays / de l'époque dans lesquels ils ont évolué.

Mais en fonction de qui vous êtes et de la société / du pays / de l'époque dans lesquels vous avez évolué, vous pouvez ne plus être en accord avec ces codes. Et toute la question, est de savoir si vous vous autorisez à vivre ce désaccord ? Car de votre positionnement, découlera des **dettes dues ou soldées**, qui seront transmises à vos descendants !

Rendez-vous à l'annexe p153
« Hypothèses de réponses à la question posée à mon arbre généalogique »

CHAPITRE 5

LES CYCLES BIOLOGIQUES

LE DÉCODAGE BIOLOGIQUE

Jusqu'à présent, vous vous êtes concentrés-ées sur vos ancêtres, leur comportement, leurs croyances et les incidences que cela peut provoquer sur vous et votre vie. Il est temps, maintenant, de rendre visite à votre corps.

Le décodage biologique, c'est venir trouver le **sens de sa maladie**[13]. C'est comprendre pour quelle(s) raison(s) le corps déclenche un dysfonctionnement.

"La maladie = le mal a dit"

Dans le décodage biologique, la maladie est considérée comme une solution de survie du corps : c'est le seul moyen qu'il a trouvé pour montrer un dysfonctionnement dans notre vie.

En psychogénéalogie, on observe les pathologies qui passent d'une génération à une autre. Alors on essaie de relier la pathologie au trauma initial.

Pour que le trauma crée une atteinte physique, physiologique et/ou psychologique, il doit remplir 4 facteurs[14] :

---

[13] Plusieurs auteurs ont publié des ouvrages relatifs au décodage biologique : Dr Salomon Sellam, Dr Gérard Atthias, le psychothérapeute français, Christian Flèche, les psychothérapeutes québécois Lise Bourbeau & Jacques Martel
[14] Travaux du Dr allemand Hamer

- Choc inattendu
- Choc vécu sans solution possible
- Choc dramatique pour soi
- Choc vécu dans l'isolement

Et c'est l'intensité de ces 4 facteurs, qui va être déterminante pour déclencher ou non une pathologie.

Le choc se loge ensuite sur un organe cible, en lien avec le trauma

→ A VOUS DE JOUER ! EXERCICES PRATIQUES

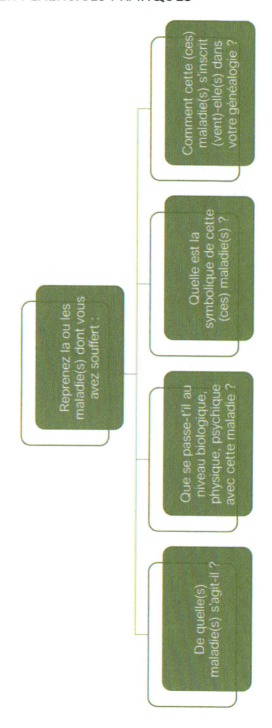

Votre corps ne vous ment jamais : il vous indique son mal-être par des douleurs, des maux divers, des maladies. Et il demande ainsi, que vous répariez le problème qui en est à l'origine. C'est comme avec le compteur électrique de votre maison, lorsqu'il y a un dysfonctionnement, il disjoncte.

Et pour l'aider à se réparer, nous avons d'abord besoin d'aller voir du côté du syndrome anniversaire.

LE SYNDROME ANNIVERSAIRE [15]

Le syndrome anniversaire est une réactivation d'un événement, souvent traumatique, à un âge ou à une date précis, présent dans la descendance.

Ce syndrome, fait le lien entre :

- des grands événements et des pathologies
- des grands événements et des dettes (balance des comptes)
- des grands événements et des loyautés (être en accord ou en désaccord avec certains articles du code de lois familiales)

Quelques exemples de constats de répétitions qui parlent d'un syndrome anniversaire :

- Une tante du côté maternel, a déclaré un cancer 10 ans presque jour pour jour, après la mort de sa mère ...

- Le bébé de votre sœur est asthmatique. Il est né le même jour et le même mois que votre grand-père paternel, décédé dans une mine de charbon au Nord de la France ...

---

[15] Selon les travaux de Anne ANCELIN-SHUTZENBERGER

- Vous vous rendez compte que tous les mois de mai, vous avez des insomnies sévères. Et lors d'un mois de mai, bien avant que vous ne naissiez, votre arrière-tante paternelle a disparu sans laisser de trace …

- Etc.

→ A VOUS DE JOUER ! EXERCICES PRATIQUES

Regardez les dates pour tous les membres de votre famille :

- De naissances
- De mariages
- De décès
- Des maladies
- Des promotions et des échecs socioprofessionnels

Notez les constats de répétitions (le syndrome peut se repérer à + ou − 7 jours) :

_____

_____

_____

_____

_____

_____

Comparer ces constats, avec le décodage biologique de vos maux / maladies :

Qu'observez-vous ? Souffrez-vous d'un syndrome anniversaire ? Si oui, avec qui ?

ET POUR VOUS PERMETTRE DE VOUS LIBÉRER DE CE SYNDROME ANNIVERSAIRE …. AUDIO 7

Scannez le QR Code et entrez le code : livre.

Ou suivez le lien www.psychogenealogievienne.fr

Rubrique livre → accéder aux audios et entrez le code : livre.

⚠️ N'écoutez cet audio, que si vous souffrez du syndrome anniversaire.

Pensez à noter ensuite vos vivances ci-dessous :

_____

_____

_____

_____

_____

_____

_____

EN RÉSUMÉ

« Ce qui ne s'exprime pas en mots, s'imprime en maux »

Le corps ne ment jamais. Il exprime, ce qui n'a pas pu ou voulu se dire, en maux. Et ces maux se transmettent ainsi aux générations suivantes, comme un héritage inconscient …. Jusqu'au jour où le conflit est révélé à la conscience.

Le conflit, que l'on peut également nommer trauma ou choc, a été vécu dans la douleur et la solitude. Rappelez-vous que le silence était monnaie courante chez nos ancêtres : la parole n'était pas aussi libérée que de nos jours ; les enfants n'avaient pas la même place ; et ce qu'il se passait dans les familles, étaient tu …

Le travail que vous venez de faire sur les cycles biologiques, permet de faire remonter à votre conscience le ou les conflits vécus par vos ancêtres et que vous avez hérités.

Rendez-vous à l'annexe p153
« Hypothèses de réponses à la question posée à mon arbre généalogique

CHAPITRE 6

LA DYNAMIQUE FAMILIALE

CRÉER MON GÉNOSOCIOGRAMME

Comme nous avons pu le voir au cours des chapitre précédents, vos ancêtres peuvent exercer des influences sur divers domaines de votre vie : votre santé, vos croyances, votre façon de penser et de vivre, vos émotions, etc.

Mais pas seulement : il y a également des effets sur les relations que vous entretenez avec le monde extérieur. Il s'agit alors d'insérer dans votre génogramme, une dimension sociologique : les relations entre les membres de votre famille. Et de vérifier comment cela vous influence dans vos relations sociales.

Avec un génosociogramme, nous pouvons voir, d'un seul coup d'œil, les schémas relationnels dyadiques[16] :
- Relation proche
- Relation distante
- Relation rompue
- Relation conflictuelle
- Relation fusionnelle

---

[16] Dyadique : une relation dyadique est une relation entre deux personnes

Et ainsi, par effet miroir, mettre en lumière votre propre façon d'être en relation avec l'autre. Vous pourrez alors vous rendre compte si vous êtes en accord avec ce que vous êtes dans la relation à l'autre ou si vous êtes influencés-ées par le modèle familial.

→ A VOUS DE JOUER ! EXERCICES PRATIQUES

Sur votre génogramme, indiquez les schémas relationnels dyadiques entre les membres de votre famille :

Codes graphiques et codes couleurs :

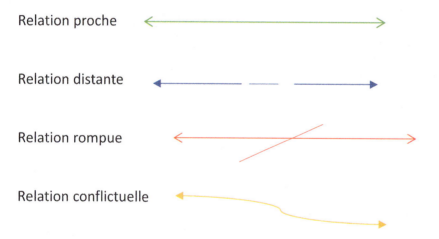

Relation proche

Relation distante

Relation rompue

Relation conflictuelle

Relation fusionnelle   les personnes concernées sont entourées l'une avec l'autre, comme si elles ne faisaient qu'une

Exemple d'un génosociogramme

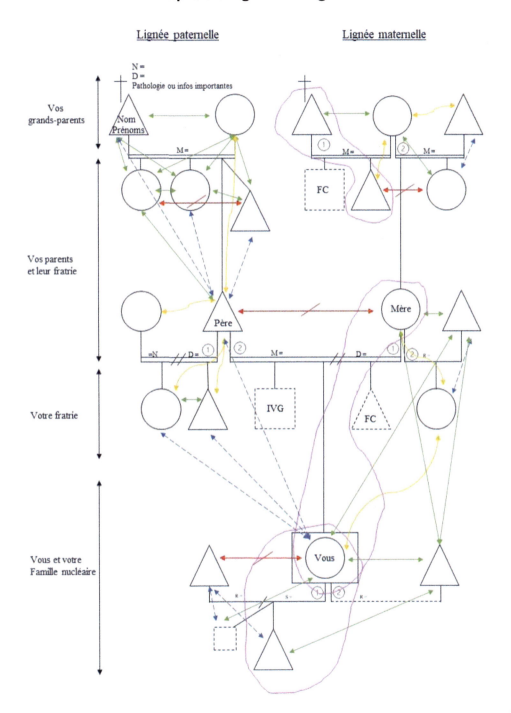

Observez votre génosociogramme :

- Quel est le schéma relationnel que vous retrouvez en majorité dans votre généalogie ?

_____

- Pourquoi pensez-vous que ce schéma relationnel a été mis en place par votre famille ?

_____

_____

_____

- Pensez-vous que c'est un membre de votre famille qui a influencé ce schéma relationnel ? Si oui, lequel ?

_____

- Etes-vous dans le même schéma relationnel avec votre entourage (amis-es, collègues, …) ?

_____

- Si oui, est-ce que ça correspond ou non, à votre personnalité ?

___

- Si non, pour quelle-s raison-s avez-vous opéré ce changement ?

___

___

- Qu'aimeriez-vous faire évoluer pour vous-même, dans votre schéma relationnel ?

___

___

___

___

___

→ POUR AGIR EN ACCORD AVEC VOTRE PROPRE SCHÉMA RELATIONNEL ...
AUDIO 8

Scannez le QR Code et entrez le code : livre.

Ou suivez le lien www.psychogenealogievienne.fr

Rubrique livre → accéder aux audios et entrez le code : livre.

Pensez à noter ensuite vos vivances ci-dessous :

_____

_____

_____

_____

_____

_____

_____

LES EFFETS MIROIRS

Il n'est désormais plus à démontrer les influences que peuvent avoir vos ancêtres sur vous. Cependant, elles ont d'autant plus de poids, lorsque votre arbre rencontre un autre arbre (par mariage ou union libre) : lorsque vos parents se sont rencontrés, aimés, unis, leur inconscient familial a joué un rôle non négligeable dans leur attirance. Ce qui vaut également pour vos propres rencontres amoureuses et amicales.

En effet, ce ne sont pas seulement 2 êtres qui se rencontrent mais bien 2 arbres généalogiques !

De façon inconsciente, quand un couple se forme, leurs familles respectives **se ressemblent ou s'opposent** au niveau :

- De la composition de la famille : monoparentale, divorcée/séparée, en couple, homoparentale, mère-fille, père absent, nombre d'enfants, sexes des enfants, etc.
- Des métiers
- De la situation financière
- Des maladies / handicaps
- Des lieux géographiques

- Des répétitions d'événements
- Des dates
- Des prénoms
- Des décès : morts prématurées, fausse-couche, IVG, mort par accident, ...
- Etc

A VOUS DE JOUER ! EXERCICES PRATIQUES

En quoi vos lignées maternelle et paternelle s'opposent-elles ? Se ressemblent-elles ?

Opposition	Ressemblance

A quoi ces ressemblances vous invitent-elles :

- Vous sentez-vous obligé d'y adhérer ?
- Cela impacte-t-il votre vie de façon positive ? Négative ?
- Qu'aimeriez-vous changer ?

_____

_____

_____

_____

_____

_____

_____

_____

A quoi ces oppositions vous invitent-elles :

- Vous sentez-vous obligé d'y adhérer ?
- Cela impacte-t-il votre vie de façon positive ? Négative ?
- Qu'aimeriez-vous changer ?

_____

_____

_____

_____

_____

_____

_____

_____

→ ET POUR VOUS PERMETTRE DE VOUS LIBÉRER DE CES SCHÉMAS NÉGATIFS .... AUDIO 9

Scannez le QR Code et entrez le code : livre.

Ou suivez le lien www.psychogenealogievienne.fr

Rubrique livre → accéder aux audios et entrez le code : livre.

Pensez à noter ensuite vos vivances ci-dessous :

_____

_____

_____

_____

_____

_____

EN RÉSUMÉ

On dit souvent : « qui se ressemble, s'assemble ». Et se ressembler, peut se retrouver finalement, aussi bien dans ce qui uni, que dans ce qui désunit ou oppose. La loyauté et la déloyauté, l'amour et la haine, le yin et le yang parlent souvent de quelque chose de commun ...

Alors, pour ces familles qui se sont unies lors du mariage de vos parents, grands-parents, arrière-grands-parents, etc, la dynamique familiale qui s'est créée, était significative. Et elle l'est pour chaque membre de la famille.

Elle met en lumière la place que vous prenez mais peut-être pas celle qui vous correspond ...

Rendez-vous à l'annexe p153
« Hypothèses de réponses à la question posée à mon arbre généalogique »

CHAPITRE 7

LE CONTRAT FAMILILAL

MON PRÉNOM[17]

L'inconscient ... ce terme est revenu sans cesse au cours de ce livre. Comme un chef qui orchestre dans l'ombre, sans que nous le sachions. Vous l'avez compris, c'est tout le travail de la psychogénéalogie de faire remonter à la conscience, ce qui se joue au niveau de l'inconscient.

Le choix de notre prénom n'échappe pas à la règle. Il est même un élément des plus primordial pour notre famille : il est à la fois un complément du nom, qui sert à identifier les membres d'une même famille et une carte d'identité pour le monde extérieur ; mais il est également porteur de références familiales, de conditionnements et d'obligations, que vous allez porter toute votre vie durant.

En effet, les prénoms nous donnent une mine d'informations sur :

- La raison pour laquelle vos parents vous ont donné ce prénom ; sur leurs désirs inconscients vous concernant ; sur l'émotion qu'ils ont ressentie avec ce prénom
- Les histoires familiales, étymologiques et historiques qui sont reliées à votre prénom

Votre prénom est votre empreinte :
il est à la fois unique et commun à tous les êtres humains.

---

[17] Dr Gérard Athias « Dictionnaire généalogique des prénoms » ; Annie Tranvouëz-Cantele « Symbolique des prénoms transgénérationnels » tome 1 & 2

Quelques exemples :

- « Je m'appelle Pierre. C'est ma mère qui a choisi mon prénom, qui appartenait à son premier amour perdu, parti juste avant leur mariage. »

Etymologiquement, Pierre signifie « roche, écueil ».

Et dans l'histoire généalogique, les Pierre ont l'équilibre familial qui repose sur eux.

Pourtant, Pierre me dit souffrir d'un manque de reconnaissance de sa famille, d'un manque de regard tendre : comme s'il n'avait pas tenu une promesse ou comme s'il était revenu sur sa parole. Alors qu'il n'est pas ce Pierre là …

- «Je m'appelle Elisabeth. Mes parents ont eu beaucoup de difficultés à m'avoir. Très croyants, ils avaient tissé une relation très forte avec une sœur de notre paroisse, prénommée Elisabeth, qui les a beaucoup soutenus. D'où mon prénom. »

Etymologiquement, Elisabeth signifie « Dieu est promesse, le repos divin – relié au dimanche ».

Et dans l'histoire généalogique, les Elisabeth renvoient à des mémoires de stérilité, de césarienne, de grossesses non naturelles, d'enfants prématurés … Il y a un message généalogique de désespoir et un besoin de trouver refuge dans la spiritualité, la religion, pour échapper à la douleur.

Et Elisabeth de me dire : « C'était une évidence pour moi de ne pas avoir d'enfant et d'entrer dans les ordres. »

- « Je m'appelle Richard. Mon père adorait l'histoire de Richard Cœur de Lion, ce qui me valut mon prénom. »

Etymologiquement, Richard signifie « roi fort et puissant mais dur ».

Et dans l'histoire généalogique, les Richard font passer le message d'un homme montrant du courage mais pouvant être dur et parfois impitoyable.

Et Richard colle parfaitement à cette image et n'arrive pas à garder une femme auprès de lui. Elles lui disent qu'il est un homme fiable, un pilier. Mais que ses remarques acerbes et son exigence, les font fuir.

Et vous savez quoi ? Sa fête est le 3 avril … jour du décès de son grand-père paternel, colonel dans l'armée. »

Il est également intéressant de regarder le prénom sous la symbolique du langage des oiseaux[18] : c'est un langage qui s'entend avec l'ouïe. Les interprétations sont faites à partir des sonorités des mots et de la symbolique de la forme des lettres[19]. Apprendre à décoder notre prénom, c'est découvrir des mots à double sens, qui nous parle intuitivement.

Quelques exemples :

- Frédéric : « Fred et Eric » = regarder s'il y a eu la perte d'un jumeau lors de la grossesse de cet enfant ou des mémoires de jumeaux dans la généalogie

---

[18] Les psychiatres Lacan et Jung ont largement utilisé le langage des oiseaux en psychanalyse ; « La langue des oiseaux » Patrick Burensteinas
[19] « Petit dictionnaire en langues des oiseaux : prénoms, pathologies et quelques autres » Luc Bigé

- Sylvie : «si elle vit » = regarder des mémoires de décès prématurés / fausse-couche avant la naissance de cet enfant
- Les prénoms mixtes : Dominique, Camille, Frédéric-que, André-ée, etc = se questionner sur quel était le désir des parents, en terme de sexe de l'enfant
- Claire : « faire de la clarté » = rechercher ce qui est demandé inconsciemment à cet enfant – que doit-elle mettre en lumière ?
- Eugène : « l'œuf gène » = vérifier que la conception a été souhaitée

Que vient donc vous révéler cette empreinte qu'est votre prénom ?

→A VOUS DE JOUER ! EXERCICES PRATIQUES

Quel est votre prénom ?

_____

Par qui et pourquoi vous a-t-il été donné ?

_____

_____

_____

_____

Quelqu'un de la famille ou de connaissance portait-il ce prénom ?

_____

Que révèle-t-il comme désirs inconscients de vos parents : sexe de l'enfant, mémoire d'une personne, d'un évènement, réussite sociale, place dans la famille, etc …

_____

_____

_____

_____

Quelle est l'étymologie de votre prénom ?

_____

_____

_____

Quel est le jour de votre fête ? Cette date est-elle en rapport avec un évènement familial, une naissance, un décès, … ?

_____

_____

_____

_____

Quelle est la signification de votre prénom en langage des oiseaux ?

_____

_____

_____

_____

Quels sont vos autres prénoms ?

_____

Par qui et pourquoi vous ont-ils été donnés ?

_____

_____

_____

_____

Qui les portait dans la famille ?

_____

_____

Dans le cadre de l'étude de votre prénom, il n'y a pas de réparations symboliques à effectuer. On ne peut, ni changer la fréquence énergétique de vos prénoms, ni les lettres, ni leurs formes, ni les raisons pour lesquelles ils vous ont été donnés.

Cependant, les informations que vous avez relevées ci-dessus, vont vous servir, pour une part importante, à déterminer votre contrat familial.

MON CONTRAT FAMILIAL

En effet, chaque personne de la famille possède un contrat familial : c'est un rôle à jouer dans la famille. C'est la place qui nous est attribuée. On n'arrive pas dans une famille par hasard, même si certains d'entre vous en doute.
En psychogénéalogie, tout à un sens

Ce contrat que vous portez, peut avoir plusieurs origines :

- **Il répond à un besoin spécifique de la famille : l'enfant est choisi par la famille, pour assurer sa survie**

Par exemple :

- Protéger les femmes
- Garder en bonne santé les enfants
- Régler une dette familiale
- Veiller à l'équilibre de la famille, à son bon fonctionnement
- Réparer une injustice
- Remplacer un enfant mort prématurément
- Faire évoluer les mentalités
- Amener de l'amour, du bien-être
- Stopper les répétitions négatives

- Guérir
- Arrêter des lignées (plus de naissance)
- Etc

- **Et il répond également à un besoin spécifique de l'enfant : l'enfant choisit sa famille, pour répondre à ses besoins individuels d'évolution et qui sont nécessaires à l'arbre**

Par exemple :

- Être une femme indépendante et forte : cela peut être en lien avec le besoin de la famille de protéger les femmes = loyauté familiale (les besoins de l'enfant et de la famille sont en accord)
- Prendre sa place : qui peut-être en lien avec le besoin de la famille de chercher un enfant de remplacement = déloyauté familiale (les 2 besoins sont en désaccord : l'enfant devra ramener dans la mémoire familiale la place de cet enfant décédé prématurément, pour vivre la vie qu'il souhaite – cf chapitre sur les lois de transmissions familiales)

La psychogénéalogie vous amène à faire remonter à votre conscience, votre contrat familial. Et de l'accepter ou de le refuser.

→ A VOUS DE JOUER ! EXERCICES PRATIQUES

Pour connaître votre contrat familial :

- Référez-vous à vos recherches concernant votre prénom : quelle place vous demande de prendre votre prénom ?

_____

_____

_____

_____

- A qui dit-on que vous ressemblez dans la famille : physiquement, de caractère, par vos actions, votre mode de vie, …
  Quel-s impact-s pensez-vous que ces ressemblances aient sur vous ?

_____

- Référez-vous à vos recherches concernant les dates anniversaire, les maladies, la balance des comptes, la crypte, le fantôme et le gisant, ... Que pouvez-vous en déduire concernant le rôle que votre famille vous demande de jouer ?

Formalisez maintenant votre contrat

Intitulé du contrat :

_____

Clauses de votre contrat : à quoi cela vous engage-t-il ?

_____

_____

_____

_____

_____

_____

_____

_____

_____

L'acceptez-vous ou le refusez-vous ?

_____

→ ET POUR VOUS PERMETTRE DE VOUS POSITIONNER FACE À VOTRE CONTRAT FAMILIAL .... AUDIO 10

Scannez le QR Code et entrez le code : livre.

Ou suivez le lien www.psychogenealogievienne.fr

Rubrique livre → accéder aux audios et entrez le code : livre.

Pensez à noter ensuite vos vivances ci-dessous :

_____

_____

_____

_____

_____

_____

_____

EN RÉSUMÉ

Comment croire qu'un prénom nous conditionne ? Et pourtant ... Là encore, l'inconscient est le chef décideur. Autant de symboles, que de désirs, de non-dits, cachés sous un prénom ! Quelle mine d'informations !
La recherche sur votre prénom (vos prénoms) est la dernière ligne droite qui vous a mené vers votre contrat familial.

Et tout ce travail en psychogénéalogie que vous venez d'effectuer, était pour mettre en lumière cet inconscient familial. Le démasquer. Comprendre ce que vos ancêtres attendent de vous. Mais aussi (et surtout ?), savoir comment vous souhaitez vous positionner dans votre vie. C'est ce que nous appelons prendre la 3ème voie : vous n'êtes pas votre père, vous n'êtes pas votre mère, ni un de vos ancêtres. Cependant, de ce qu'ils vous ont transmis, vous en avez hérité une force. Un socle. Il ne vous reste plus qu'à prendre votre place ...

Rendez-vous à l'annexe p153
« Hypothèses de réponses à la question posée à mon arbre généalogique »

ANNEXE

« Hypothèses de réponses à la question posée à mon arbre généalogique »

Cette annexe va vous aider, tout au long de votre travail en psychogénéalogie, à recenser tout ce qui peut être à l'origine des difficultés soulevées par votre question.

Noter ici la question que vous posez à votre arbre généalogique :

_____

_____

Puis, noter ce que vous avez trouvé au cours de votre travail en psychogénéalogie, qui pourrait être en lien avec la question posée à votre arbre.

→ VOTRE HISTOIRE FAMILALE – VOTRE NAISSANCE ET VOTRE ENFANCE

_____

_____

→ LA CRYPTE ET LE FANTOME

→ LE GISANT

_____

_____

_____

_____

_____

→ LE CODE DE LOIS FAMILIALES

_____

_____

_____

→ LES EMOTIONS, LES ROLES ET RESPONSABILITES ASSOCIEES AU CODE DE LOIS FAMILIALES

→ LE DECODAGE BIOLOGIQUE

_____

_____

_____

_____

_____

→ LE SYNDROME ANNIVERSAIRE

_____

_____

_____

→ LE GENOSOCIOGRAMME

→ LES EFFETS MIROIRS

→ VOTRE PRENOM

→ VOTRE CONTRAT FAMILIAL

CHAPITRE 8

MON BILAN

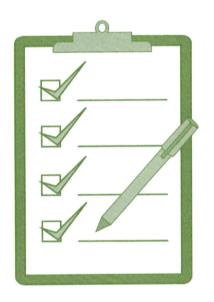

Vous arrivez à la fin de cet ouvrage

et votre travail en psychogénéalogie ne fait que commencer ...

Laissez-moi vous expliquer ! Les mémoires familiales ne s'effacent pas. Elles se transmutent, elles évoluent. Mais les histoires de nos ancêtres sont toujours là, en filigrane, en nous. Cela fait également partie de l'instinct de survie : de notre vécu, reste un apprentissage ; et de cet apprentissage, reste un fonctionnement.

Tout au long de cet ouvrage, vous avez travaillé à mettre en lumière ce fonctionnement inconscient. Vous avez, grâce aux audios, créé des réparations symboliques dans votre ADN. Ce qui a amené, dans votre réalité, des changements de perception, de comportement et peut-être même des modifications physiques.

Il est nécessaire, désormais, d'ancrer ces changements dans votre vie, pour vous et votre descendance.

En effet, rappelez-vous tout ce qui vous a été transmis de façon inconsciente. Alors si vous ne vivez pas les changements que vous avez mis en lumière tout au long de ce livre, si vous ne mettez pas en place des actions en lien avec ces changements, qu'allez-vous transmettre de différent aux générations suivantes ?

L'annexe 1 « Hypothèses de réponses à la question posée à mon arbre généalogique », est le document qui va vous permettre cet ancrage. Reprenez-le et relisez-le. Ensuite, répondez aux questions suivantes :

- Quelle est la question que vous avez posée initialement à votre arbre généalogique ?

_____

_____

- Imaginez, que le problème que vous avez soulevé avec votre question, persiste. Que pourrait-il se passer ?

_____

_____

_____

_____

_____

- Imaginez, que le problème que vous avez soulevé avec votre question, évolue favorablement. Quels seraient les changements ?

_____

_____

- Imaginez des choix nouveaux qui seraient liés aux changements que vous souhaitez. Lesquels seraient-ils ?

_____

_____

_____

_____

_____

- Je vous invite maintenant à créer un collage (avec des images, des mots, des symboles pris dans des magazines), qui imagerait vos nouveaux choix de vie. Cette technique s'appelle en anglais le « vision board ».

Une fois terminé, accrochez-le dans un endroit où vous pourrez le regarder chaque jour. Et vivez ces choix comme s'ils étaient déjà en place !

Bienvenue dans votre vie consciente !!!!

Avec toute mon amitié,

Frédérique

Retrouvez-moi sur www.psychogenealogievienne.fr

REMERCIEMENTS

Je tiens à remercier tendrement mes ancêtres, mes parents et mes sœurs, qui m'ont appris à quel point l'histoire familiale est un poids mais surtout, une richesse.

Je suis arrivée à la psychogénéalogie grâce à mon corps. J'y ai rencontré ma famille et la personne que j'étais. Je n'ai pas changé fondamentalement et en même temps, j'ai l'impression d'être si différente aujourd'hui !

Une pensée pleine d'amour pour mes enfants : Tom, Mattéo et Mévie. Ils m'ont véritablement aidée, encouragée et soutenue pour l'écriture de ce livre et sa diffusion.

Un grand merci à Floriane et Luce qui m'ont accompagnées tout au long de cette aventure. Leur « coaching » bienveillant, leur aide, leur soutien, les corrections apportées à mon manuscrit, m'ont beaucoup apportée.

Merci à Floriane Desplébin et à Patricia Christin, pour l'écriture de leur préface. C'est un exercice complexe, où elles ont su mettre en lien leur pratique professionnelle avec la psychogénéalogie. Et au-delà de leurs écrits, c'est un véritable plaisir que de travailler et d'échanger avec elles deux.

Je remercie également toutes les personnes que j'ai accompagnée en individuel et en groupe, qui ont enrichi sans conteste ma pratique. Grâce à elles, j'ai pu créer des outils plus en adéquation avec la « réalité du terrain » et vous les transmettre au travers de ce livre.

Printed by Amazon Italia Logistica S.r.l.
Torrazza Piemonte (TO), Italy

50291441R00094